나도 누군가와 교신 중이다

김용두 시집

상상인 시인선 091

그가 달려온 길과
앞으로 나아갈 길이

눈부시게 빛난다

때론 배경이 되어
누군가를 아름답게도 하며

시인의 말

어차피 생은
최선이 아니면 차선이 아니던가

설익은 것들이
세상에서
잘 익어 가길 바란다

2025년 가을
김용두

88 차례

1부 봄날의 벚나무처럼 환해졌을 때

부부   18

순간의 꽃   19

식물   20

가을나무 1   21

공평한 밥   22

모과나무   23

장미의 배후   24

나무 1   25

배꼽   26

아내의 눈물   27

노인   28

꽃그늘   29

나도 누군가와 교신 중이다   30

맞벌이   31

단풍 든 나무들에게   32

나목   33

단풍 구경   34

봄   35

나비   36

부부의 연   37

2부 누군가에게 인연으로 태어나

벗꽃 피면   40

겨울나무 1   41

눈 오는 날의 하늘   42

양귀비꽃   43

지는 봄꽃들   44

수증기   45

갈대   46

나도 누군가에게   47

자폐증 앓는 나무   48

똥개   49

부음訃音   50

아름다운 사람   51

낙엽   52

지천명知天命   53

꽃의 이유   54

바다   55

옷   56

장마   57

하우스 푸어House Poor   58

잡초   60

매미의 사랑법   61

3부 미리내를 건너는 유성우

강물   64

노부부   65

어느 가을날의 후회   66

싸락눈   67

말   68

노을   69

능소화   70

불멸의 사찰   71

로드킬   72

아침 식사   73

시詩   74

나무 2   75

매화 구경   76

그늘   77

비빔천국   78

세상   79

선물   80

이팝나무   81

메타세쿼이아   82

갈증의 미학   83

4부 숲에서는 흰 새들이 태어나고

만남   86

술 마시기   87

소천召天   88

꽃   89

여자   90

페플라스틱   91

가로수   92

담쟁이   93

아내별   94

자본주의   95

소주병   96

사람   97

숲   98

연탄   99

목련   100

매화, 꽃 피우는 전략   101

가을나무 2   102

순천만에서   103

겨울나무 2   104

민들레   105

해설 _ 픽션fiction과 논픽션nonfiction의 경계에서   107

김부회(시인, 문학 평론가)

1부

봄날의 벚나무처럼 환해졌을 때

부부

애초에 나는
세상에 떨어진 행성이었다
나의 행로는 세상에 닿아 있었고
난 시간 여행자에 불과했다
내가 두고 온 우주를 그리워할 때
꿈에서 깨어났고
눈에서는 눈물이 났다
그때 당신은 내 머리맡에 있었고
우리는 모두 기억상실증에 걸렸다
내가 궤도를 향해 갈 때
당신은 보이지 않는 인력에 이끌려
내 주위를 도는 위성이 되었다
그때부터 인연의 끈으로 묶여
우리는 하나였다
비록 기억 속에서 멀어졌지만
당신과 나의 항로는 같다

순간의 꽃

작년 이맘때
피었던 꽃들
올해도 변함없이 피었다
그 모양
그 빛깔 그대로

나와의
약속을 저버리고 싶을 때
마음 다잡는 순간
내 몸에도
꽃이 핀다

내가
봄날의 벗나무처럼 환해졌을 때
나비 걸음으로
사람들이 다가왔다

식물

눈이 있어도
보지 못하고
귀가 있어도 듣지 못하는 세상
눈도
귀도 없는데
보이지 않는 것을 보고
들리지 않는 것을 듣고
지혜를 아는
초감각을 지닌 무리

가을나무 1

편식으로
하루가 다르게 체중이 준다
영양이 부족해서
온몸에 황달이 퍼진다
바람의 스트레스를 견디다
피골이 상접하다
하늘이 내려준 음식을 먹지 않고
땅의 음식만 폭식한다
파라볼라 안테나처럼 서서
우주의 소리를 들었으나
이제는 땅의 일만 관심한다
햇살들이 돋보기 놀이를 하며
다비식을 치른다
살이 타들어가는 역한 냄새
허공에는 남은 뼈들이
부딪히며 달가닥거린다
길 잃은 자의 절규다

공평한 밥

눈물로 지은 밥이다
가물어 밥 달라고 참새들이 데모한다
정작 하늘은 울지 않는다
전기밥통의 묵은 밥이 아니다
갓 지은 따끈따끈한 밥
세상은 거대한 가마솥 속
푸른 밥이 넘친다
무료급식소에 고라니도 다녀가고
까치가 깨금발로 들어간다
다 한솥밥 먹는다

모과나무

허공에
돌멩이를 매달아 놓았다
더 단단하고 완벽한 것에
마음을 두었다
바람이 거칠게 드리블을 해도
꿈쩍하지 않았다
폴-싹 날아온 새들
못질을 해대며 안을 넘봤다
빗장을 더 단단히 걸어 잠갔다
밤과 낮이 교대로 담금질을 했다
아픈 응어리들이 푸른빛을 내다
곪아서 시쿤 냄새가 났다
상처들은 상흔문신이 됐다
무더위에 산통에 시달리다
날 선 바람이 탯줄을 잘랐다
유성처럼 궤적을 그리며
땅으로 박혔다

장미의 배후

장미가 제 사후의 일에 골몰하다
보험을 들었다
밀로의 비너스처럼 우아한 포즈를 취하면서
아랫도리를 벗었다
하나뿐인 순결을 담보로 내밀었다
바람이 은밀한 부위를 들추자
온몸에 가시를 세웠다
가녀린 생이 바람에 떨고 있다
허공은 포주처럼 뒷배경을 자처했다
곤충들이 몇 번씩 붉은 방을 드나들며
낮걸이에 취해갔다
장미의 신음이 깊어지는 한낮이다
관음증으로 햇빛이 달아오르자
서늘한 밤이 냉각팬을 가동했다
비로소 한 생이 휴식에 들었다
무더위에 붉은 방들이 소리 없이 허물어진다
바람이 지난 자리
보험증권들 얼굴을 내민다

나무 1

조금씩 팽창하는 우주다
푸른빛으로 타오르다
식기를 반복한다
햇빛을 폭식하는 거대한 블랙홀로
트림할 때마다 산소를 내뿜는다
바람이 불면
흔들리면서 시공이 휘었다
자기를 복제하자
작은 우주들이 우후죽순으로 생겼다
동일한 나들이 수없이 산다
물의 입자들로 구성된 시공이다
주먹만 한 운석들이 날아들자
물이 우는 소리가 났다
어둠은 수시로 똬리를 틀었다
가끔씩 불꽃을 내며
스스로 소멸해 가기도 했다

배꼽

내 몸 한가운데
가축이나 노예에게 있는
화인火印이 찍혀 있다
본래 이곳은 나의 주인이
제 소유를 표시한 자리
나의 나 됨과 출생의 비밀들로 가득하다
허기가 질 때마다
까르릉 소리를 내며
먹어야 산다고 말씀하신다
찬 바람이 불어오면
옷깃을 여미게 하시더니
여기가 허전해질 때는 외롭게 하시면서
짝을 찾으라 하신다
이제 이곳은 나의 중심 중의 중심
날이 갈수록 주인께서
말씀하시는 일이 잦아졌다

아내의 눈물

해 질 녘 병원을 나서는 아내에게서
사막의 모래 폭풍이 인다
해가 갈수록 더욱 잦아지는 모래바람은
뼈와 뼈가 어긋나는 소리 같기도 하고
사막여우의 울음소리 같기도 하다
한 치 앞을 분간할 수 없는 바람의 내장 속,
나는 사막의 신비를 엿보는 탐미주의자
오늘도 푹푹 빠지는 모래 위를 걸으며
來生을 가늠해 본다
한때는 생명이 움트고
한 사내를 달뜨게 하였던 저곳
이제 시든 풀들만 듬성듬성 서 있고
거대한 구릉은 무덤처럼 솟아올라
끝없는 사막을 일구었다
텅 빈 사막에 어둠이 빠르게 낙하한다
사막의 실루엣이 유려한 곡선을 그린다
별들도 고공비행을 하며 눈을 비빈다
물기 마른 아내에게서 별똥별이 떨어진다
사막의 오아시스다
내 마음도 물결 문양을 복사한다

노인

시위를 떠난 화살이
마침내 과녁에 이르렀다
이제 깊숙이 박힐 일만 남았다
어지러운 과녁에는
오늘도 슬픔이 아른거리고
바람마저도 물기를 머금고 있다
저 너머의 세계를 위해
찰나의 아픔을 견뎌야 한다
지금까지 달려온 질주 본능으로
능히 뚫을 일이다
시간의 가속도로 한번 돌진해 보는 것이다
시공을 거슬러 온
너덜너덜해진 몸으로
포근히 안겨 볼 일이다
그 단단하고도 닫혀 있는
미지의 세계를 향해

꽃그늘

꽃은
나무가 애지중지 키운 자식들
인간의 아이가 그렇듯
꽃은 져서 어미의 품을 떠나려 하고
바람이라도 세차게 불 것 같으면
어미는 노심초사 아이를 꼭 붙들지만
무심한 아이는
어미의 손을 놓아 버리고
그러면 실성한 어미는
한 며칠 정신줄 놓았다가
언제 그랬냐는 듯 말끔한 몰골로
남은 자식들 돌보기에 여념이 없고
빛 좋은 날에는
분 냄새 풀풀 풍기며 예쁘게 치장하고
주렁주렁 매달린 자식들 자랑하지만
인간의 어미처럼
속 빈 채로 허허로이 서 있고

나도 누군가와 교신 중이다

어쩌면 나무는 땅이 쏘아 올린 우주선일지도 몰라요 비바람이 심하게 몰아치던 날, 나는 나무들이 휘-익 획, 신호음을 내며 땅과 교신하는 소리를 들었어요 불안정한 대기 속에서 우주선은 심각하게 흔들리며 SOS를 치고 있었죠 끔찍하게도 나는 초록색 우주인들의 시체를 발로 밟은 적이 있어요 가끔 나도 우주인이 아닐까 하는 생각이 들어요 지구라는 행성에 불시착한 내 몸도 우주선 같은 거예요 알 수 없는 곳으로 궤도이탈을 하기 전까지 우린 삶이란 여행을 계속해야 해요 그래서 그런지 사는 일이 막막해질 때면 내 안에서도 무수한 신호음들이 시끄럽게 들끓어요 나는 어느 별과 교신 중일까요

맞벌이

해 뜨면
당신은 동東으로
나는 서西로 가고
해 지면
다시 돌아오기를
어언 삼십 년
지남철처럼 붙었다
떨어지기를 반복할 뿐
찰싹 붙어 있지는 못할 운명
남들은 부럽다고 하지만
우리에게는 천형
저녁을 준비하는
어두컴컴한 부엌에
야윈 그림자 둘
젓가락처럼 움직인다

단풍 든 나무들에게

예수처럼
허공에 매달려서 피를 흘려야겠다
추위가 창 되어 옆구리를 찔러도
바람이 희롱하며
옷을 나눠 가져도 견뎌야겠다
알몸으로
누구도 원망하지 않고
하늘만 보고 서 있어야 한다
당분간
주검으로 있다가
예수처럼 부활해야겠다
푸른 생명을 위해

나목

나무가 셈법을 익히는 중이다

채우고 비우기를
평생 해 보지만
늘 더하기보다 뺄셈이 어렵다

늙으나 젊으나
비우지 못하기는 매한가지

추위에
이파리 한두 개 매달려 있다

단풍 구경

길거리에 출몰한 연예인처럼
사람들 북적북적 불러 모은다

남녀노소 할 것 없이
누구에게나 사랑받는 국민배우

시대를 초월하여
영원히 읽히는 고전古典

신이 지은 책

봄

언제 오시려나
천지를 꽃으로 장식하고
푸른 융단을 깔아놓고
사랑하는 이를 기다리는
누군가의 프러포즈
마음 졸이며 오늘도 내일도
가슴 두근두근
기다림 속 행복한 나날

나비

태어나자마자
사랑을 찾아 나선다
좌표도 없이
변변한 이정표도 없이
몸에 각인된 본능에 따라
그 끝간데없는
공중을 날아올라
눈 부신 빛의 늪 속을 허우적대다
우아하게
뫼비우스의 띠를 그리며
마침내 도킹에 성공한다

부부의 연

뼈와 살이
제 것을 먼저 알아본다
혼魂은 아직 감지하지 못한다
생의 퍼즐이 맞춰지는 순간이다
눈앞에서 번뜩이는 섬광
긴가민가하다 놓친다
한 번 헝클어진 퍼즐
다시 짜 맞추기 어렵다
여러 번 돌고 돌다
자꾸만 스쳐 지나갈 뿐
비밀의 문은 닫혀가는 듯
일각一刻 후,
통렬한 혼의 외침
이는 내 뼈 중의 뼈요*
살 중의 살이로다*

* 성경 창세기 인용.

2부

누군가에게 인연으로 태어나

벚꽃 피면

긴 동안거 끝
나무가 해탈을 했다

한 번 웃으니
천지가 감동하고
눈부신 광채에
세상 어둠 걷힌다

진리를 설법하니
뭇 중생들이 떼거리로 몰려든다

겨울나무 1

사방이 무저갱 속이다

거꾸로 매달려서 본 별빛은
언제 터질지 모를 폭탄이다

어둠 저편에서
출처도 없이 쏟아지는 눈발들
백색 공포다

밤새 몸을 비틀면서
고해성사를 한다

눈 오는 날의 하늘

하얀 거짓말로
세상을 꾀는 자

하루에도 몇 번씩
얼굴을 바꾸는 다중인격자

흠 있고
죄 많은 것들을 향해
괜찮다고
신기루 같은 말로
덮으려는 자

양귀비꽃

불장난하듯
한나절 해와 뒹굴었다
몸속에 불덩이가 들어섰다
속이 매스껍고 어지러운데
바람이 자꾸 메스를 댄다

금단의 열매

바람이
빛이 보여준 환상에 빠져
미쳐 날뛴다

지는 봄꽃들

날 풀리자
모처럼 놀이터 나와
뛰노는 아이들

시간 가는 줄 모르다
날 어둑어둑해져
슬슬 불안해지면

엄마들이 와서
하나씩 하나씩 불러들이고
울먹이며
품에 안기는 아이들

놀이터는 이별 중

수증기

따스함이
나를 붕붕 떠오르게 해요

차가움이
나를 흰 먼지 덩이로
떨어지게 해요

지금 내 손을 잡아

다시 떠오르게 해 주세요

갈대

물과
상극인 것이

가까이 갈 수 없어

궁리 끝에
자신을 대신할 아바타 보내

미지를 탐험한다

매 순간
휘-잉 휘-잉

신호음을 내며
자신을 업로드한다

나도 누군가에게

세상 밑바닥 전전하다
마음 상할 대로 상해 찾은
태화강 십 리 대숲길

이런 호사도 다 있나
초록색 군복 입은 군사들 일제히 양쪽으로 빽빽이 도
열하여
대통령이라도 되듯
부동자세로 받들어총 하는 자세

이 세상에서는 이루어질 수 없는
헌법 조문에나 있을
모든 인간은 존엄하게 태어났다는
천부인권

나도
누군가의 앞에서
묻지도 따지지도 않고
받들어총 하고 싶다

자폐증 앓는 나무

똑 똑 똑

햇살의 노크 소리

두드려도 두드려도
열리지 않는 나무의 문

점점 멀어지는 봄

다급해진 햇살

혀로 핥고 빨고 뺨 부비는
온몸의 애무

겨우 열린
귀때기 같은 아주 작은 문

똥개

전생의 애인이
개의 탈을 쓰고서 왔다
한 줌의 식은 밥에도
아랑곳하지 않고
자존심을 드러내지 않는다
주인이 회초리를 들어도
피하지 않고 꼬리를 친다
가슴이 먹먹한 날에는
알아들을 수 없는 말을
허공에 대고 한다
어둠이 깊어지고 별들 붉어지면
앞발에 머리를 묻고서
호위무사처럼 곁을 지킨다
더운 날에는 멍석에 말리면서
이별이 아쉬운 듯
맑은 눈에 눈물 고인다

부음訃音

생의 시작과 함께
날아오는 쨉들이다
가랑비에 젖듯 통증이 쌓이다
마침내 녹다운되고 만다
눈앞이 뱅뱅 돌고 허공엔 붉은 별들만 가득하다

가눌 수 없는 몸 일으키라고
하루가 카운트를 한다
누군가의 전하지 못한 메시지
바람이 대신 전한 것뿐이나
쉽게 지워지지 않는다

몇 년을 기거하다
서서히 증발하듯 빠져나가는
내 몸에 붙은 영매靈媒다

사라지고 나면 금방 허전해지는
착한 영매

아름다운 사람

몰래 하는 사랑이
내면을 아름답게 한다
그것은 몸속의 이물질 같아서
극심한 스트레스를 가하여
상처를 낸다
밖으로 배출하고 싶지만
마음뿐,
다독이고 어르다
몇 년째 동거 중
상처는 서서히 아물고
눈부신 보석 되어
주위를 아름답게 한다
빛으로
타인을 황홀하게 한다
아름다운 사람아!
그대는
사랑의 빛이 많구나

낙엽

무릇 무르익은 것들이
작별을 고한다
제 몸에 상처를 내는 것도
쉽지는 않지만
현기증 나는 곳으로 떨어지는 것도
두려운 일이라지만
나뿐만 아니라
다 우주 물리 법칙에 따를 뿐이다
상처는 시간이 지나면 아물기 마련이고
떨어지는 것 또한 순간의 두려움일 뿐
누군가에게 인연으로 태어나
한 생을 연명하다
사라지는 것들의 최후

지천명知天命

나이 들어
눈 침침해지고 정신 흐릿해지는데
전에 없던 감각 하나 새로 생겼다
그렇게 못생겨 보이던
아내의 사각턱이 개성 있게 보였다
뒤끝 많은 내 성격도
굴곡진 내 생도
차츰 이해되었다
사춘기 시절부터 내내 괴롭혀온
내 외모도 아무렇지가 않았다
어렴풋이
어딘가에 있을지도 모를 그분을
나도 모르게 헤아리고 있었다

꽃의 이유

꽃들은 양심적이다
자기 맘대로 피지 않고
바람과 습도와 기온이 적합하여
마음에 거리낌이 없을 때
비로소 기지개를 켠다

세상이 아름다운 것은
너에게도 나에게도
양심이 있기 때문이다
별들도 양심껏 제 밝기로 반짝이며
저보다 더 밝은 빛을 탐내지 않는다
우리도
꽃도 별도 될 수 있다

바다

몸을 한껏 낮추어
광활한 뷰view를 보여주었다

자신을 또 비워
뭇 생명들에게 내주었다

나는 건달처럼
목 좋은 곳에서
매운탕이나 회를 팔아
삥을 뜯으며 살았다

좀처럼
싫은 기색을 내보이지 않았다

옷

세상 것들이 다
빛이 지어 준
옷 한 벌 입고 산다

나무는 초록의 웨딩드레스를 입고
오월의 신부처럼 서 있다

꽁지를 가진 새들은
연미복을 입고 마음껏 허공을 휘젓는다

돌들은 딱딱한 갑옷을 입고
땅바닥에 납작 엎드린다

벗을 수도
없앨 수도 없는
이 치렁치렁한 빛의 감옥이여

장마

백 년에 할 사랑
한 번에 하려 든다

사랑하는 이의 의중은
안중에도 없이
일방적으로 쏟아붓는다

미처 스며들기도 전에
차고 넘쳐 범람하다
결국 사달이 난다
꽝음 소리를 내며
미쳐 날뛴다
남는 건 상처뿐

사랑은 흔적도 없다

하우스 푸어House Poor

바람이 스팸 문자를 보내왔다
덫에 걸린 마음이 며칠을 품자
푸른 싹이 돋았다
낌새를 알아차린 바람이 쏜살같이 다가와
세상을 주겠다고 인을 쳐댔다
브로커를 자처한 부동산 업자가
대출을 권하자
엄지손가락에 상처를 내고 출혈을 감수했다
바람이 건네준 집은 허공 위에 떠 있었다
세상은 신기루처럼 아름다웠고
밤하늘은 밤마다 별빛을 나눠주었지만
과다 출혈로 이어졌다
날이 갈수록 내 얼굴에 핏기가 사라지자
가족들은 높은 곳에 살아서 그렇다고 했다
어느 날
검은 구름이 우리 집을 방문하자
햇빛이 몸을 사렸다
몰인정한 구름은
핏덩이 같은 종이쪽지를 집 안 구석구석에 붙였다
여기저기 붉은 낙인이 바람에 휘날리고
밖에서는 사람들이 주문을 외쳤다

스팸 문자는 빨리 삭제해야 하고

집을 지을 때는

땅을 깊이 파고 기초를 튼튼히 해야 한다고

잡초

푸른 망토를 두르고

작은 키로
사람들이 있는 곳이면
어디든 찾아가
어린 왕자처럼 이야기를 한다

두고 온 별에 대해

머나먼 우주여행에 대해

사랑에 대해

사람들은 그게 밥이 나오냐며
들은 척도 안 하고
쫓아낸다

매미의 사랑법

믿거나 말거나
불특정 다수를 향해
사랑한다고 목이 터지게 외친다
그걸 자기에게 말한 줄 알고
착각하는 한 여자
사랑에 눈멀어
창피한 줄도 모르고
살 같이 다가와 안긴다
그때부터
서로에게 몸 주고
마음 주고
목숨까지 내놓는다

3부

미리내를 건너는 유성우

강물

강물도 때가 되면
사랑하고 아이도 낳는다

시뻘건 대낮에
밋밋하게만 흐르던 강물이
서로 몸을 섞으며
교접하며 내는 신음소리
그걸 듣는 민망함이란

아무렇지도 않게 지켜보며
시치미를 떼는 하늘
비 온 뒤 부른 배를 움켜쥐고
해산일을 기다리는 강물

강물도 사람 같아서
늙고 병들고
죽으면 하늘로 올라간다

노부부

오랜 시간
담금질에
불순물이 날아갔다

서로에 대한 집착도
사랑의 기쁨도
질투도
욕망도

모두 사라지고

순도 99.9퍼센트의
사랑 남아

어느 가을날의 후회

강가에 철 지난 꽃들이 죄인처럼 몸을 오그라뜨린다
눈 부신 빛 앞에 어쩔 줄 모른다 파노라마처럼 흐르는
강물은 저를 열어 꽃의 과거를 재생한다 남의 마음을
훔친 죄, 제 미모를 이용 사익을 취한 죄, 빈둥빈둥 놀
고먹은 죄, 여러 명과 잠자리를 가진 죄, 헤아릴 수 없이
많은 죄를 꽃은 감당할 수 없다 죄에 짓눌려 있는 것들
은 하루하루를 인공호흡기로 연명한다 손발 잘라 자해
도 해 보고 목숨 줄 내놓고 고해성사도 해 보지만 금방
미라처럼 말라비틀어질 것을, 바람이 한 육신 거두어 갈
것을, 아름다움은 순간에 지나지 않는 것을

싸락눈

노을 속에서 사교춤을 추던 깔따구들
한동안 모습이 보이지 않더니
별빛 따라 우주여행을 떠났나 보다
이제 싸늘한 주검이 되어 하염없이 떨어지고
빛이 화장을 준비한다

말

돌아가시기
며칠 전부터
말을 못 하시는 아버지
나무나 돌, 풀과 같았다

내세를 위한 탈피
인간의 탈 벗어 버렸다

쇠비름처럼
기품 없이 자지러지며
우리 모두 형제이며
평등하다는 것 증명하신다
나무처럼 침묵하여
세상과 통한다

노을

하루 일을 마치고
돌아가는 이의 모습은

어찌나 아름다운지

그가 달려온 길과
앞으로 나아갈 길이

눈부시게 빛난다

때론 배경이 되어
누군가를 아름답게도 하며

능소화

햇빛이 사물들을 쪼개는 한낮이다
회색의 아파트 단지는
자작나무 숲처럼 빛난다
날 선 햇빛에 사물들이 빠르게 감전된다
부러진 날들이 흰 눈처럼 쌓여 있다
사내아이가 단지 안 능소화나무에
꽃매미처럼 달려든다
아이의 웃음소리 기포처럼 떠오르고
플라스틱 칼날은 허공을 가른다
눈물처럼 떨어지는 꽃숭이
어떤 꽃은 고개를 숙인다
칼날이 지난 자리 바람이 피 냄새를 맡는다
아이의 커지는 웃음소리
칼날은 자꾸 바람을 일으키고
능소화는 비닐봉지처럼 나부끼며
생을 개관한다
아이는 능소화의 나부낌을 이해하지 못하고
날이 저물 듯 기억에서 잊혀진다

불멸의 사찰

바람이 뛰노는 강가는 무슨 절간 같다 강물은 납작
엎드려 오체투지로 절하며 가고 강박중에 걸린 하늘
은 제 모습을 수면에 자꾸 비춰 보았다 사람들도 하나
같이 강을 바라보며 무언가를 빌었다 나도 보이지 않
는 나를 애써 찾고 있었다 바람이 풍경소리를 내기 시
작하자 물고기들이 이리저리 움직였고 공중에선 가부좌
를 튼 해가 부처님처럼 금빛 광채를 보내 주었다 그렇
게 하루가 가고 저물 즘, 강물에는 소신공양하는 노을
의 불덩이가 비췄고 허리 숙인 풀들은 저녁 예불을 드
렸다 내일이 오고 사람들은 바뀌고, 또 바뀌어도 풍경
은 변하지 않았다

로드킬

기차가 바람처럼 지나는 길
정체불명의 남자가 선로로 뛰어든다
어둠 저편에서
KTX 열차는 눈을 번들거리며
화살처럼 다가온다
지상에서 별 하나 빛을 잃는다
찢겨진 잔해들 길 위에 나뒹굴고
바람들이 몰려와 수습한다
직립의 시그널이
눈시울을 붉히며 묵도하자
어둠은 추적추적 비처럼 내리며
하관下棺을 시작한다
한 생이 레테의 강*을 건넌다

* 그리스 신화 속 망각의 강으로 물을 마신 망자는 과거의 모든 기억을 깨끗이 지우고 전생의 번뇌를 잊게 된다.

아침 식사

이른 아침 부엌은 피비린내 나는 살육장이다 살가죽
이 벗겨지고 다각 다각 사지가 잘리는 소리, 산 채로 끓
는 물에 던져지고 기름에 살이 오그라드는 냄새, 나는
미명未明 속에서 어미의 검무를 본다

어미의 보폭은 가볍고 사뿐하다 칼의 획은 짧고 간결
하지만 지나는 자리마다 피를 부른다 그러나 어미의 춤
사위는 살의가 없다 신전에 바칠 제물을 준비하듯 경건
하다

매일 어미의 식탁에서 싱싱한 피를 마시고 살을 먹는
다 어미의 몸에서는 아직 피 냄새가 난다 나는 눈이 붉
어지고, 죽어간 것들이 내 속에서 사자처럼 포효하자 정
신이 또렷해졌다

너와 나는 타인의 피로 생을 연명하는 흡혈귀들이다

시詩

애인처럼 행세한다

아침마다 꽃을 꺾어 바친다
사무치게 그리워하고
매일 편지를 쓰게 한다

갑자기 모습을 감춰
애간장을 태운다

무엇을 봐도 환영처럼 떠오르고
아주 가끔 만나주며
기쁨을 강요한다

내게는 너무나도 버거운
갑질하는 여자

나무 2

오도 가도 못하고 주저앉은 게 나무라 하지만

나무는 절망이란 단어를 모르고
끊임없이 근육을 키우는 보디빌더처럼 나이테를 키워요
나무는 그렇게 푸른 수의를 입고서 허공을 건너가요

생이 당신을 오도 가도 못하게 할 때
높이뛰기 선수같이 사방으로 도약하는 새처럼 해봐요

생각을 멈추고 그냥 나무를 따라 하세요
나무는 매년 새로운 수의로 갈아입어요

나이테는 나무가 승리한 메달이랍니다

매화 구경

시신을 염하고
꽃을 뿌려 단장한다

촛불을 켜고

향을 피우고

마주 서서 인사를 하면
시취와 꽃이 어우러져
오묘한 향기가 난다

겨울의 장례식에
조문객들로 어수선하다

그늘

아무 데도 갈 수 없는 나무는 세상 소식이 늘 궁금하다 그래서 딴따라 같은 새들 불러 음악 틀고 온통 초록빛으로 인테리어를 하여 카페를 연다 사람들 하나둘 찾아오면 귀를 쫑긋하여 뉴스를 듣는다 정치, 경제, 사회, 문화 등 모든 소식 듣느라 수많은 귀를 펄럭인다 가짜 뉴스를 들을 때는 유독 귀를 기울인다 불륜이나 패륜 등 차마 듣지 못할 이야기에는 귀를 잘라 바람에 날려 보낸다 일자무식의 아비는 나를 서울에서 공부시키기 위해 허리가 휘도록 일을 하였다 가끔씩 아비가 그리워 집에 돌아와 있으면 아비의 귀가 쫑긋해졌다 아비는 반쯤 썩은 고목이었다

비빔천국

갈대들 추위에 떨며 삽질하는 밤
물고기들이 노동요를 불러요

강은 야식을 만들었네요
별빛 달빛 가로등빛을 버무려 만든
맛있는 비빔밥 한 양푼

피자와 치킨을 실은 오토바이가
마포대교를 건너요
누군가 외로운가 봐요

하늘에도 비빔밥이 떠 있어요
미리내를 건너는 유성우도 족발을 실었을까요
날이 밝으면 햇빛도
비빔 밥상을 차릴 거예요
빨주노초파남보 비빔밥 천국이죠

세상

수족관 속에
열대어들이 살고 있네

색이 화려한 놈을 만나면
황홀해하며 좋아하네

거무튀튀한 놈을 보면
왜 그렇게 생겼니 하고
색안경을 끼고 보네

수족관 속의 열대어들

뜬눈으로 헤엄치고 있네

선물

꽃이 피어도
웃지를 않고
새들 지저귀어도 반응이 없다

별빛 찬란하건만
퉁명스럽게 쳐다만 보고

해를 보고도
눈부시다고 찡그린다

내가 놓친 하나님의 사인들
나무, 풀, 바다, 우주, 어머니…

이팝나무

간절기
이팝나무의 옷이 너무 튄다
주변은 모두 연둣빛 옷차림
저 혼자만 아직도 봄옷
역설의 힘
눈부신 순백의 드레스를 입고서
오월의 신부처럼 서서
떠나는 봄을 놓지 못하는
고집불통의 답답함
바람 불면 날아갈 것 같은
저 위태위태한 자태
엎친 데 덮친 연미복 차림의 까치
종종거리며 주위를 넘보고
봄은 아스라이 멀어지고

메타세쿼이아

외발로 서서
비상구를 가리킨다

위급한 새들은
녹색 화살표 방향으로 날아간다

우주에서 온 빛이
날마다 쓰다듬어 주었다

절망에 빠진 사람들은
간절히 바라보았다

거대한 바깥을

갈증의 미학

내 몸이 잃어버린 제 갈빗대 하나를 찾고 있다 나는 몽유병 환자처럼 중심을 잃고 휘청거리고 몸은 나를 대신 주관한다 공포는 몸이 보이는 반응으로 일종의 자기연민 같은 것이다 이는 사랑하는 이의 부재가 낳은 심한 스트레스다 결핍은 죽음에 이르는 상사병이며 반대로 채움은 단숨에 오르가즘에 이르는 격렬한 섹스로 비로소 부부가 한 몸을 이루어 온전케 되는 것이다 이때 착상된 태아는 나의 정신 같은 것이며 감정은 그날의 체위다 오늘도 나는 길거리 섹스를 즐긴다

4부

숲에서는 흰 새들이 태어나고

만남

시간과 공간의 방정식에
의자처럼 자세를 취하고서
다가오는 존재들의 무게를 느껴보는 거다
그 묵직함에 짓눌리다가
골격이 무너져 내리고
삐거덕거리며 신음소리를 내다
마침내 단련되어
존재는 깃털처럼 가벼워지고
영혼만이 느껴질 때
존재가 새처럼 포롱하고 발돋움하는 것을 볼 때
아직은 만남 직전이다
그 눈부신 날갯짓에
잠시 눈멀어 시공이 휘어져 보이고
한없이 존재가 아름다워지고
사랑스러워질 때야
그게 바로 만남이다

술 마시기

냉랭해진 생에
모닥불을 지피는 것이다
타닥타닥 소리를 내며 타다가
서로에게 녹아든다
초점 없는 눈으로 바라보는 시선이
한없이 관대하다
길 잃은 별들로
밤새 우주를 떠돌다
바람이 불자 위태롭게 흔들리더니
낯빛이 흐려졌다
독한 연기를 피워
생의 구조 신호를 보냈다
허공에는 별똥별들이 주르륵 흘러내렸다
미명 속에서 나무들이 직립하자
타고 남은 흰 재들이 날렸다
제법 따스한 온기가 남아 있었다

소천召天

아버지 어디 좋은 데 가시나 보다
불러도 대답도 안 하시고
흔들어도 꿈적하지 않는다
무언가에 홀리신 듯
손자들이 와도
눈길 한 번 주지 않는다
뭐가 그리 급하신지
바삐 어디론가 가신다
아버지 꽃길 걸으시나
가끔 얼굴에 엷은 미소 지으신다
아가처럼 아장아장 걷다가
엄마 품에 안기나 보다

꽃

세상에나
꽃 같은 생이 또 있을까
저 혼자 태어나서
부모도 없이 자라다
쓸쓸히 짧은 생을 마감하니
사는 게 사는 게 아니다
슬픔이고 억울함뿐이다
그러니 꽃을 아름답다 하지 말자
꽃 앞에 황홀해하지 말자
꽃으로 사랑 고백하지 말자
남의 슬픔 앞에서 웃는 꼴이니
꽃, 주지도 받지도 말자
마주치면 조용히 피하자
꽃이 아니라 눈물바다다

여자

여자는
남자에게 과분한 존재
형편도 안 되면서
무리해서 산 고급 승용차같이
함께 있으면
폼나 보이고
자신을 빛내 주지만
큰돈 필요 없는
마음에만 들면
횡재할 수 있는
신이 준 선물

폐플라스틱

땅속에서
썩어 없어지는 일

얼마나 행복할까

이미 죽었으나
사라질 수 없는 몸

귀신처럼 구천을 떠돌다
사람 몸속에 들어와
신접살림을 차린다
온갖 저지래와
악덕을 쌓다가
또 다른 몸을 탐한다

가로수

플라타너스 그 큰 손으로
허공을 주무르네

얼룩을 지우고
쿰쿰한 냄새를 없애고
바람이 빨랫방망이를 두드리며
찌든 때를 제거하네

때 묻고
허물 많은 것들 지우기 위해
푸른 세제를 준비하네

바지랑대에 하얀 빨래가 걸려 있네

담쟁이

철 지나면
금방 사라질 것들이
무성하게 피어나

낡은 벽들을 덮어주고
누추함을 보수하고
미라가 된다
그것을 위해 더위에 땀 흘리며
빛을 향해 전진하기를 멈추지 아니하고
더듬이를 무수히 두리번거리며
빛에 이르는 길을 찾아 헤매었나

불나방처럼 타 죽는 줄도 모르고
빛 속에서 황홀해하며
최후를 맞이한다

아내별

별 볼 일 없는 내가
사랑한다고 하면
순간 너라는 존재가 환해진다
어둠이 물러간 자리
그곳에 별 하나 떠 있다
너무나 작아 쉽게 발견되지 않는 별
기존 것과는 사뭇 다른
사랑으로 빛을 내는 별
나는 천문학자가 되어 기뻐 날뛴다
유레카를 연방 외치며
새로운 이름을 짓는다
속으로 가만히 되뇌면
영혼까지 맑아진다

자본주의

줄 세우기를 당했다

학교에서도 직장에서도

늘

능력도 스펙도 부족한 나
세상이 버린 패였다

긴 행려병자들의 행렬

소주병

흙먼지 이는 바닥을
낮은 포복으로 기다가
좌로 구르고 우로 구른다
바람 불면
혼자서 신음소리를 낸다
치매 노인처럼
습관적으로 무언가를 주워 담는다

햇빛이며 빗물, 쓰레기 따위도
밤이면 곤충들에게
잠자리를 제공하고 숙박료를 챙긴다
망원경같이 생긴 몸으로
별의 밝기를 재고
우주의 끝을 가늠한다

사람

날이 추워지면
따스한 입김을 내뿜는 너는
세상이라는 주머니 속에
누군가가 넣어둔 핫팩이다
따끈따끈한 너로 세상은
추위에 옷 하나를 더 끼어 입은 것처럼
한층 안온해졌다
강직 척추염을 앓는 나무들은
관절이 부드러워진다
새들은 아늑한 새장에서
행복한 비명을 지른다
바람은 감옥에 유배된다
너는 주머니 속에서 타오르다
점점 식어가다
마침내 싸늘해지면
밖으로 꺼내진다

숲

허공을 향해
일제히 기립해 있는 나무들
바람에 몸을 비틀어 대며
막춤을 춘다
서로 간의 적정 거리로
스텝이 얽히지 않는다
바람은 전복을 꿈꾸며
더욱더 회오리를 일으킨다
새들은 스팸 메일처럼 날아든다
좁혀지지 않는 저 간격
너와 나의
넘어서는 안 될 최소한의 거리
부딪히려고 할 때마다 사지를 잘라내며
위기를 기회로 삼아
불멸의 생을 넘보는 자들
누구나 안전 불감증에 걸리면
아픔은 있다

연탄

화르르 꽃이 핀다
붉은 꽃, 파란 꽃, 흰 꽃, 노란 꽃
한줄기에서 났으나
서로 다투는 시끄러운 꽃들
꽃으로 밥을 짓고
방을 따습게 한다
찬 바람에도 얼지 않고
시간이 흘러도
쉽게 지지 않는 꽃
지독한 추위에
꽃을 탐닉하다
향기에 취해
의식을 잃은 적 있다

목련

바람 따라
몸을 흔들어 대요
인기 절정의 걸그룹
움푹 패인 쇄골에 눈부신 피부
완벽한 에스라인 몸매로
섹시 춤을 춰요
가던 길 멈추고 자꾸만 쳐다봐요
정신이 혼미해져요
무덤덤한 아저씨도 팬이 됐어요
살짝살짝 은밀한 부위를 보여줘요
애써 상큼한 미소를 지어 보여요
눈 부신 햇살 받으며
도발적인 눈빛을 보내요
과다한 노출증에 시달려요
변덕스런 팬들에게
얼마 남지 않은 젊음을 선물해요

매화, 꽃 피우는 전략

찬 바람 오지게 부는데
어린 것들이 밖에 나와
뛰어놀고 있다

아이고!
철없는 것들 세상 물정도 모르고
천방지축 날뛰기는
지나는 아저씨 혀를 찬다

지금이 바닥입니다
투자 적기,
앞으로 오를 일만 남았습니다
골 깊을수록 수익률 극대화

뒤통수에 찌라시 날린다

가을나무 2

꿈도 사랑도
바람에 날려 버린다
가진 것 하나씩 내주고
홀로 서서
서서히 빈털터리가 되어간다
끝내 알몸 되는 것이
부끄러운지
온몸 붉히며
뻘겋게 달아올라 있다

순천만에서

　하늘과 땅과 햇빛이 바람에 버무려지고 있다 가끔
씩 바다가 와서 물을 치댔다 푸른 음모들이 자라는 숲
에서는 흰 새들이 태어나고 맑은 눈을 가진 물고기들
이 생겨났다 산고産苦의 비명이 비파 소리 같았다 하혈한
피에서는 별들이 돋았다 곤충들은 은밀한 저녁을 틈타
음모 위를 기어오르며 허물을 벗었다 검은 밤이 뭍에서
자박자박 걸어 나오자 나는 가슴에 개밥바라기 같은
별 하나 품고서 지구의 커다란 자궁 속을 걸었다

겨울나무 2

찬 바람이 쓰나미처럼 몰려오자
견고한 진을 꾸린다
역삼각형 모양으로 곤두서서
몸을 비틀면서 살수를 피한다
형태를 어그러뜨리면
금방 원상태로 회복된다
누르면 누를수록 깊숙이 박히며
더욱더 단단해져 간다
사방이 적으로 둘러싸여 있는
고립된 계로 불의 형상을 지녔다
적당한 때가 되면
푸른 불로 삼킬 것이다

민들레

바람이 불면
하늘에 씨를 뿌린다

주사위를 던지듯
확률에 의지하는 것은 아니다

너무나도 미약하고
아무것도 할 수 없기에

하늘의 뜻을 따라
최적의 결과를 내고자 한다

나는 약하므로
가장 강해지고자 한다

픽션fiction과 논픽션nonfiction의 경계에서
- 김용두 첫 번째 시집『나도 누군가와 교신 중이다』를 읽고

김부회(시인, 문학 평론가)

가. 들어가며

시에서 가장 중요한 것 몇 가지를 언급하라면 가장 먼저 나오는 단어가 무엇일까? 함축, 비유, 주제, 소재, 스토리, 구성, 형상화, 이미지 등등 여러 가지 요인들이 있지만 가장 중요한 것은 어쩌면 진정성이라는 단어일 것이다. 시는 마음이 내는 소리이며, 눈으로 본 것을 마음에 반추해 내 모습으로 전환하여 보는 성찰의 작품이라고 할 수 있을 것이다. 국어사전 그대로다. 자신을 반성하며 깊이 살피는 것을 성찰이라고 한다. 글이 가치의 옷을 입기 위해 선행조건은 생명력이다. 글자가 아닌 하나의 호흡과 온기가 되기 위해, 생명을 만들기 위해 글에 색을 입히고 감정을 입히고 풍경에 배경을 입히는 행위를 시를 쓴다고 말해도 좋을 것이다. 성찰성省察性이라는 말이 있다. 개인의 삶과 사회적 삶을 두고 끊임없이 자기 감시와 관련된 속성을 말한다. 다른 말로 하면 자기비판이며, 세상 모든 현상에 대해 탐구하고 새로운 시선을 발굴하고 개발하는 것이 시인의 눈을 말하는 것이다. 같은 방향을 보더라도 보는 사람의 시선이나 각도, 초점의 포인트에 따라 달라지는 것이 세상이다. 때론 화려해 보여도 속은 다를 것이며, 반대의 경우도 존재하는 것이 사람 사는 일이다. 산다는 것은 더불어 산다는 말이다. 나와 더불어 관계를 맺고 있는 모든 것에 대하여 또 다른 관계를 맺거나 정리하는 것이 순리다. 시인의 눈은 그 모든 것을 포용해야 한다. 환절하는 계절에는 환절이 주는 의미와 각오, 한 해가 마무리되면 마무리하는 것들에 대해 시인의 예의를 다 해 정중하게, 최대한 예의 바르게 계절을 보내주는 것이 시인의 몫이라는 생각을 잠시 해 본다. 우리나라의 시는 다른 나라의 정서와는 판이하게 다른 점이 많이 존재한다. 그중 가장 먼저 꼽을 것은 서사적이 아닌 서정적이라는 것이다. 현대시의 근간을 이루는 1930년대의 문단을 살펴보면 1. 순수 문학의 대두와 확산을 가장 먼저 이야기할 수 있다. 박용철, 김영랑, 정지용 등이 중심이 되어 순수 서정을 꿈꾸는 시대였다. 이 시기는 언어적 기교와 형식을 중요한 시의 모티프로 삼은 것으로 보인다. 정지용의 '향수'와 같은 작품이 대표적인 서정시의 기반을 이룬 것처럼, 그러한 동기들이 모여 현대시의 발전을 이루게 된 계기가 된 것이다. 또한 2. 모더니즘의 수용과 실험이다. 그 시기에 유행하던 것은 이미지즘, 주지주의 등 다양한 문예사조가 실험되거나 글에 접목되어 김광균 등의 시가 전면에 나서기 시작하던 시기이며 동시에 청록파 등이 등장하여 문단의 다변화를 이끌어냈다. 이러한 문학의 기본 틀을 잡은 선배 문인들의 노력이 있었기에 한국적 현대시는 더 많은 발전을 거듭하고 진화하여 정서적인 안정성을 도모하게 되어 현재에 도달했다고 말해도 과언이 아닐 것이다.

김용두 시인의 첫 시집 『나도 누군가와 교신 중이다』 원고를 받고 수록된 작품의 면면을 혹은 읽고, 혹은 필사하며 현대시의 근간을 이룬 서정시의 활성화 된 때가 떠오른 것은 아마도 김용두 시인이 가진 시에 대한 본능적 감각이 서정에 바탕을 깔고 현대사회의 모습과 순간과 찰나 등을 자신의 방식으로 독특하게 바라본 시인의 감각 때문일 것이라는 심증이 든다. 부부라는 작품에서 보여주듯 "애초에 나는/세상에 떨어진 행성이었다"로 시작하는 자아에 대한 근원 모를 외로움과 고립에 대한 자성의 고백. 장미의 배후라는 작품에서 보여주는 유쾌한 반전 "바람이 지난 자리/보험증권들 얼굴을 내민다"의 매력들이 김용두 시인의 시를 보는 눈이 겹눈이라는 것을 방증한다는 생각이 들었다. 다소 풍자적이면서도 진중한 글의 중심을 정확하게 베어내는 솜씨는 노련한 칼잡이라는 느낌이 들게 만든다. 배꼽을 "이제 이곳은 나의 중심 중의 중심"이라는 작품의 주제를 화인火印 본래 이곳은 나의 주인이라는 말로 선천적 배후를 인식하게 만드는 중요지점을 최대한 가볍게 표현함으로써 화인이라는 큰 단어를 희석하며 동시에 독자에게 각인시키는 효과를 주는 것들이 김용두 시인의 장점이다. 특별히 주목해서 본 것은 이 시집의 제목인 "나도 누군가와 교신 중이다"는 시집 제목은 큰 반향을 불러일으킨다. 나는 누군가와 교신 중이다가 아닌, 나도라는 단어를 사용했다. '나는'과 '나도'는 아주 큰 차이를 가진 말이다. 불교의 가르침에 대비하면 소승과 대승의 차이와 같은. 내가 나에 국한하지 않고 소통하고 싶어 한다는 것이다. 나만의 세상이 아닌, 당신과 같은, 독자와 같은, 더불어 사는 모든 관계와 같은 것에 대하여 고백하는 것이다. 시인이 가진 고유의 세상을 당신에게 보여주고, 당신의 세상을 내게 보여주는 일, 그것이 교신이다. 교신交信은 일방적 신호가 아니다. 주고받는 행위를 말한다. 다른 말로 하면 소통이며, 공감의 나눔이다. 김용두 시인이 본 모든 것에 대하여 말로 하지 못한 것들을 글로 표현하여 당신에게 교감하고 싶은 것이다. 아마도 첫 시집을 발간하게 된 중요한 동기가 이 지점이라는 심증이 강하게 든다. 오랜 시간 시를 쓰면서 체득한, 아니 이미 몸에 체화하여 삶과 동기화된 느낌과 깨달음, 반성과 성찰의 그 모든 삶의 원초적인 부분과 지점들을 전하고 싶었을 것이다.

  글이 언술과 다른 것은 일정한 규칙이 존재하고 일정 부분 픽션과 논픽션이 허용된다는 것이다. 자신을 경험이 아닌, 타인의 간접 경험도 자신의 것으로 만들 수 있는 경계 지점의 확장은 시적 허용의 자유라고 표현해도 좋을 것이다. 사건이나 현상에 대하여 사실이 아닌 것이라고 하면 글의 진정성이 떨어질 것인가? 아닐 것이다. 글의 진정성은 보이는 현상이 아닌, 보이지 않는 현상의 배후에 대하여 자신의 시각을 가감 없이 광각의 각도로 보는 것이다. 중요한 것은 지금 무엇을 하고 있는지가 중요한 것이다. 어떻게, 어떤 생각으로 살아왔는지가 중요한 것이다. 세상의 모든 결과는 얼마든지 다를 수 있다. 마음먹은 대로 이루어진다면 과연 그것이 행복일까? 매일 진수성찬에 좋은 일만 생긴다면 그것이 천국일까? 아닐 것이다. 지금 이대로, 내 사는 모습 그대로의 사회가 천국이며 행복일 것이다. 비행기를 타고 가다 보면 속도감이 느껴지지 않는다. 시속 1,000킬로인지, 500킬로인지 알 수 없다. 비교 대상이 없기 때문이다. 다시 생각해 보면 비교할 무엇이 없다면 행복할 일도 없을 것이다. 글이 그런 것이다. 시가 그런 것이다. 타인의 잣대가 아닌, 나만의 잣대로 재단하고 가늠하며 사는 것이 대부분의 인생이기 때문에 기준점은 모두 다른 것이다. 지구는 하나밖에 없지만 지구 속에 존재하는 또 다른 지구는 80억 개 이상의 세계가 존재하는 것과 같은 이치다. 본래무일물本來無一物이라는 말과 픽션과 논픽션은 어쩌면 같은 말일지도 모른다. 보이는 상像에 대하여 보이지 않는 상像을 찾는 것이 궁극적인 시를 쓰는 요소이기 때문이다. 김용두 시인이 그렇다. 보이는 것에 주목한 것이 아니라 내게 그렇게 보인다는 것에 주목하여 세상을 보는 것이 김용두 시인이다. 그렇기에 시집 제목도 "나도" 누군가와 교신 중이라는 제목을 붙였다. 그것은 자기중심적이지 않고 세상에 순응하고 같이 소통하고 싶다는 바람이라는 것을 이미 서두에서 밝혔다.

시인이 느낀 감정의 모든 것을 내 것으로 융합할 수는 없다. 개성이 다른 것이 사람이기 때문이다. 하지만 작품의 어느 부분에서, 단어 하나에서, 스토리 한 부분에서 나와 같은 이야기와 나와 같은 감정과 나와 같은 세상의 길을 보았거나 발견한다면 그것으로 시집은 성공한 것이다. 중요한 것은 그런 것들을 교신한다는 것이다. 강요하거나 툭툭 던지거나 희화화하여 말하거나 하지 않고 시라는 문학 형식을 빌려 그곳에 자기 가슴을 넣고, 눈물을 넣고, 진

지한 질문을 던지거나 깊은 눈빛으로 말을 건네주거나 하는 행위를 한다는 것이다. 그리고 같은 것들을 그들에게서 받거나 듣거나 인식하거나 하며 자신을 성장시킨다는 것이다. 선문답 같은 이야기지만 이런 말이 있다. 불경을 읽지 않은 사람은 불경을 쓰지 못한다는 말이다. 타인을 모르고 어떻게 자신을 알 것이며, 자신을 모르고 어찌 타인을 알 것인가? 우린 그것을 시적 교감이라는 말로 대변한다. 그 교신과 교감 속에 울컥 감동할 것이 있으면 같이 나누는 것이다. 그것이 울림의 교신이다.

시적 질감은 문장의 표피에 있지 않다. 옷감의 질감은 만져봐야 알 수 있겠지만 시의 질감은 소리 내 읽거나 필사하거나 곁에 두고 읽고 또 읽어야 조금 느껴지는 것이다. 문장의 내면에 존재하는 시의 질감을 찾는 것이 시집을 읽는 일이다. 가을엔 가을의 질감을, 겨울엔 겨울의 질감을, 눈이 오는 것과 내리는 것의 차이와 같은 미묘한 질감의 차이가 시인의 개성이라는 말로 규정할 수 있을 것이다. 폭포는 물이 떨어지는 것이 아니라 물이 승천하는 것이라는 말과 같이 다른 각도의 시선을 교신한다는 것은 삶의 시간이 서로 공유되고 응답하는 과정의 하나일 것이다.

김용두 시인의 첫 시집『나도 누군가와 교신 중이다』는

총 4부로 이루어져 있다. 각 카테고리에 붙여 둔 소제목을 보면 시집을 엮은 문장의 줄기와 주제의 정체성을 파악하기 쉬울 것이다. 가장 처음의 소제목은 "봄날의 벚나무처럼 환해졌을 때"이며 두 번째는 "누군가에게 인연으로 태어나", 세 번째는 "미리내를 건너는 유성우", 마지막 "숲에서는 흰 새들이 태어나고"로 마무리된다. 생로병사의 한 인생의 모습이 그려진다. 탄생과 소멸, 그리고 희망, 새로운 절기의 시작이라는 순환의 과정을 통해 삶의 다양한 개체와 주체들을 반추해 보는 것이다. 이 시집 속에는 대부분이 픽션과 논픽션의 경계를 갖고 있다. 현상의 허구와 시적 질감의 실존에 대한 분명한 선 긋기를 통하여 시인의 감각을 통해 그 내면을 공유하는 일을 해 보고 싶다. 세상 모든 것은 허상이며 동시에 실존이라는 말의 밀도와 무게를 생각하며 몇 작품을 읽고 그 감상을 통하여 김용두 시인의 전부를 이야기할 수 없을 것이다. 하지만 시인의 감성과 그 감성이 품고 있는 온도를 통하여 시인이 제시하는 삶의 기준점이 될 도덕적 가치와 인간 본연의 윤리, 변형되지 않은 순수한 잣대를 내게도 적용해 보면 이 가을이 더 깊은 사색의 내비게이션이 될 것이라는 생각이 든다. 순수함에 바탕을 둔 시를 읽는 것은 충분히 기분 좋은 일이다. 기교와 문장의 비만화된 부속품들이 즐비한 세상에서 마치 정갈한 한 모금의 약수를 마시는 것과 같은 청량

함을 주는 시집에 흠뻑 매료된다. 그것이 이 시집의 장점이다. 포장지 없는 알맹이와 같은 진국이라는 말이 어울리는 시집이다.

나. 들여다보기

애초에 나는

세상에 떨어진 행성이었다

나의 행로는 세상에 닿아 있었고

난 시간 여행자에 불과했다

내가 두고 온 우주를 그리워할 때

꿈에서 깨어났고

눈에서는 눈물이 났다

그때 당신은 내 머리맡에 있었고

우리는 모두 기억상실증에 걸렸다

내가 궤도를 향해 갈 때

당신은 보이지 않는 인력에 이끌려

내 주위를 도는 위성이 되었다

그때부터 인연의 끈으로 묶여

우리는 하나였다

비록 기억 속에서 멀어졌지만

당신과 나의 항로는 같다

- 「부부」 전문

시집을 펼치면 가장 먼저 읽는 것이 서평이다. 서평을 읽고 시를 읽으면 시인에 대한 이해의 폭이 깊어지며 시인의 스타일과 문체의 방향성을 유추할 수 있다. 그다음은 가장 첫 번째 작품이다. 잘 된 작품을 기준으로 맨 앞에 두는 것이 아니라 가장 하고 싶은 말과 관심사를 내포한 작품을 가장 선두에 두기 마련이다.

김용두 시인은 「부부」라는 작품을 첫 작품으로 올렸다. 글의 핵심은 나와 당신이라는 것의 형성 과정이다. 부부는 세상에 홀로 떨어진 하나의 행성이다. 어떠한 인연으로 인하여 부부라는 관계로 맺어지고 그 관계가 지속되어 현재까지 이르렀다. 작품 일부를 인용해 보면 다음과 같다.

내가 궤도를 향해 갈 때

당신은 보이지 않는 인력에 이끌려

내 주위를 도는 위성이 되었다

그때부터 인연의 끈으로 묶여

우리는 하나였다

- 「부부」 부분

내가 삶의 궤도를 향해 멈춤 없이 가고 있을 때, 당신은 내 주위를 도는 위성이라는 말이 눈에 들어온다. 불가분의 관계라는 말이다. 서로의 중력에 의해 하나는 항성이 되고 하나는 위성이 되어 영원이라는 시간을 맴도는 별과 별. 그 관계는 늘 일정한 거리를 유지하고 간격을 유지해야 성립되는 관계다. 항성 혹은 위성의 중력이 더하거나 덜해지면 파괴가 일어날 수밖에 없는 주어진 관계의 설정. 그걸 말하기 위해 시인의 결구는 "당신과 나의 항로는 같다"고 매듭짓는다. 다른 각도로 보면 사랑하고 존경하고 이해하고 신뢰해 달라는 부탁이며 당부다. 어차피 우리의 항로가 같다면, 내가 항성이고 당신이 위성이라면 물리학적 법칙에 따라 헤어질 수 없는 관계가 만들어진다. 그렇다면 중요한 것은 우리가 하나라는 생각으로 하나의 항로를 향해 유영한다는 마음으로 부부관계가 이어져야 한다는 생각이 든다. 시는 자기 독백이면서 고백이다. 나의 말이면서 당부의 말이기도 하다. 부부라는 관계에 대한 설정이 신선하고 독특하다.

허공에

돌멩이를 매달아 놓았다

더 단단하고 완벽한 것에

마음을 두었다

바람이 거칠게 드리블을 해도

꿈쩍하지 않았다

폴-싹 날아온 새들

못질을 해대며 안을 넘봤다

빗장을 더 단단히 걸어 잠갔다

밤과 낮이 교대로 담금질을 했다

아픈 응어리들이 푸른빛을 내다

곪아서 시쿰 냄새가 났다

상처들은 상흔문신이 됐다

무더위에 산통에 시달리다

날 선 바람이 탯줄을 잘랐다

유성처럼 궤적을 그리며

땅으로 박혔다

- 「모과나무」 전문

이 작품에서 김용두 시인의 모과는 무엇일지 하는 생각이 든다. 어떤 것을 형상화하고 비유하였는지 배후가 궁금해진다. 마치 처음부터 그래야 할 것처럼 "허공에 돌멩이를 매달아 놓았다"라고 한다. 하늘로부터 부여받은 열매라는 말이다. 모과를 맺은 나무는 여성성을 상징한다. 무언가를 품고 산다는 것은 고통스러운 일이다. 바람이 불거나 새들의 못질에도 자신을 담금질하며 곪아서 시쿰 냄새가 나도록 지켜야 할 그것이 모과라는 자식이다. 비록 남들이 보기에 못생기고 볼품없는 모과지만 모과나무에는 그 어떤 열매보다 달콤하고 잘생긴 자식일 것이다. 고슴도치도 제 새끼는 예쁘다고 말한다. 혹은 제 눈에 안경이라는 말도 한다. 가만 생각해 보면 누구나 같은 마음이다. 산통에 시달리고 날 선 바람이 탯줄을 자르고 궤적을 가르며 땅에 떨어져 박히는 신세가 될지언정 품에 품고 살아야 할 것이 자식이라는 관계다.

> 더 단단하고 완벽한 것에
>
> 마음을 두었다
>
> -「모과나무」부분

어느 부모가 더 단단하고 완벽한 것에 마음을 두지 않을까? 누구나 같은 마음이다. 하지만 결국 모과나무에 매달린 것은 감이나 사과가 아닌, 모과다. 세상은 모두 동일하지 않다. 감은 감대로 사과는 사과대로 모과는 모과대로 삶의 그릇이나 용도가 따로 있다. 내 품에 감이 있다면 모과인 자식보다 더 안아주고 보듬어 줄 것인가? 묻고 싶다. 어차피 허공이라는 조물주가 매달아 놓은 돌멩이 하나가 내 자식이라면, 그것이 피할 수 없는 운명이라면 받아들이고 안온한 품을 제공하는 것이 부모다. 그것이 감나무가 되었든 사과나무가 되었든 모과나무가 되었든 부모는 부모이며, 자식은 자식이다. 순리다. 김용두 시인의 모과나무의 배후에는 그런 사연이 숨 쉬고 있다. 어려운 시를 쉽게 쓰는 것이 재주다. 알아듣기 위해 쉽게 말하는 것이 웅장한 연설이다. 시는 최소한 눈치챌 수 있는 배려가 존속해야 한다. 시조와 같이 정형률에 얽매이지 않지만, 내재율을 내포하여 주제의 함의를 가미한다면 우리는 그것을 좋은 작품이라고 할 수 있을 것이다. 이러한 배후를 읽어내는 눈이 탁월한 것은 몇 작품에서도 파악할 수 있다.

장미가 제 사후의 일에 골몰하다

보험을 들었다

…중략…

바람이 지난 자리

보험증권들 얼굴을 내민다

- 「장미의 배후」 부분

가끔씩 불꽃을 내며

스스로 소멸해 가기도 했다

- 「나무 1」

여기가 허전해질 때는 외롭게 하시면서

짝을 찾으라 하신다

이제 이곳은 나의 중심 중의 중심

-「배꼽」 부분

　부분 인용한 작품의 핵심을 보면 시선이 독특하다는 것
과 현상에 대한 다른 각도의 초점을 볼 수 있을 것이다.
나무의 소멸과 배꼽이 중심 중의 중심이라는 표현, 바람이
지난 자리 장미가 가입한 보험증권 등등이 김용두 시인만
이 가진 차별적인 시선이다. 간결함을 추구하면서 동시에
무게 깊은 말을 쉽게 풀어내는 능력이 탁월하다.

　어쩌면 나무는 땅이 쏘아 올린 우주선일지도 몰라요 비
바람이 심하게 몰아치던 날, 나는 나무들이 휘-익 휙, 신호
음을 내며 땅과 교신하는 소리를 들었어요 불안정한 대기
속에서 우주선은 심각하게 흔들리며 SOS를 치고 있었죠 끔
찍하게도 나는 초록색 우주인들의 시체를 발로 밟은 적이
있어요 가끔 나도 우주인이 아닐까 하는 생각이 들어요 지
구라는 행성에 불시착한 내 몸도 우주선 같은 거예요 알
수 없는 곳으로 궤도이탈을 하기 전까지 우린 삶이란 여행
을 계속해야 해요 그래서 그런지 사는 일이 막막해질 때면
내 안에서도 무수한 신호음들이 시끄럽게 들끓어요 나는
어느 별과 교신 중일까요

눈으로 한번 읽으면 쉽게 이해가 가는 문장이다. 하지만 다시 한번 읽고, 또다시 한번 읽으면 이 작품이 표방하고 있는 주제의 깊은 맛이 느껴지며 모호해지는 나를 느낄 수 있을 것이다. 서평의 서두에서도 언급했지만, 중요한 것은 내가 만든 내 세계와 당신의 세계가 교감하는 것에 방점을 두고 있다. '나도'라는 말이 중요한 이유다. '내가'가 아닌, '나도'라는 말은 내 세계가 전부가 아니고 나만의 고립된 세계가 아니고 당신이라는 세계로 진입하고 싶은 소망이 담겨 있기 때문이다. 나무는 절대 우주선이 될 수 없다. 땅과 교신하지도 않는다. 우주인은 반드시 초록색은 아닐 것이다. 내 몸도 불시착한 우주선이 아니다. 다만, 그것은 픽션과 논픽션을 적절하게 섞어 만든 환상의 생각이며 환상의 세계며 환상의 환상이다. 하지만 그런 환상조차 존재하지 않는다면 내가 만들 세계가 존재하지 않는다. 논픽션에서 픽션을 꺼내는 일, 그것을 끊임없이 시도한다는 것은 시인의 세계관에 대한 객관적 인정을 원하는 것이다. 당신의 세계도 내게 보여달라는 말이다. 우리가 주고받는 세계의 허구와 실상에 대해 이야기하고 토론하자는 말이다. 주어진 고립과 고립을 탈피하려는 부단한 시인의 노력에 박수를 보내고 싶다. 주관의 세계에 갇히면 주관

적인 병이 생긴다. 주관과 객관, 논픽션과 픽션이 적절하게
조화를 이룰 때 조화옹造化翁의 섭리가 순행하게 되는 것이
세상 이치라는 것을 아마도 시인은 알고 있을 것이다. 그
교신을 위해 시를 쓰는 시인의 모습이 각인된다. 주홍 글
씨처럼. 이러한 관점은 「나목」이라는 작품의 행간에서 쉽게
짐작할 수 있다.

　　나무가 셈법을 익히는 중이다

　　채우고 비우기를
　　평생 해 보지만
　　늘 더하기보다 뺄셈이 어렵다

　　늙으나 젊으나
　　비우지 못하기는 매한가지

　　추위에
　　이파리 한두 개 매달려 있다
　　　　　　　　　　　　　　　　　　　 - 「나목」 전문

　비우는 것, 빼는 것, 버리는 것, 공유하는 것, 허구와 실
존, 이 모든 현상에 대한 시인의 감각은 이미 뺄셈을 새로

배울 준비를 마친 듯하다. 자신만의 뺄셈이다. 이러한 시인
의 경향은 다른 몇 작품에서도 반복되거나 증폭되거나 확
장되고 있다.

물과
상극인 것이

가까이 갈 수 없어

궁리 끝에
자신을 대신할 아바타 보내

미지를 탐험한다

매 순간
휘-잉 휘-잉

신호음을 내며
자신을 업로드한다

- 「갈대」 전문

이 작품에서도 중요한 것은 갈대와 물의 관계, 그리고

끊임없이 자신을 업로드하는 갈대의 모습이다. 자신을 업로드하는 이유는 하나다. 물에 가까이 가고 싶거나 물과 이야기하거나, 물의 세계관을 알고 싶어하거나다. 김용두 시인은 자신을 갈대로 만들어보기도 하고 나목으로 만들어보기도 하고, 불시착한 우주선의 우주인으로 만들기도 하며 끊임없는 변신을 시도해 본다. 왜? 소통하고 싶어서다. 갇힌 세계와 열린 세계의 접점에서 자신을 발견하고 싶은 것이다. 그 경계의 언저리에서 좀 더 인간적인 좀 더 사색적인 좀 더 종교적인 좀 더 사람다운 자신을 만들어내기 위한 작업이라고 보면 맞을 듯하다. 이 긴말을 모두 줄이면 한 마디다. 성찰이다. 되돌아보고 무언가가 되어보고 무언가의 말에 귀 기울이다 보면 깨달음을 얻게 된다. 어떤 종류의 깨달음이든 흡수할 자세가 되었다는 말이다. 같은 맥락에서 한 작품 더 소개하면 김용두 시인이 독자에게 전달하고 싶어 하는 메시지의 결론을 알게 될 것이다.

　　　세상 밑바닥 전전하다

　　　마음 상할 대로 상해 찾은

　　　태화강 십 리 대숲길

　　　이런 호사도 다 있나

　　　초록색 군복 입은 군사들 일제히 양쪽으로 빽빽이 도열

하여

대통령이라도 되듯

부동자세로 받들어총 하는 자세

이 세상에서는 이루어질 수 없는

헌법 조문에나 있을

모든 인간은 존엄하게 태어났다는

천부인권

나도

누군가의 앞에서

묻지도 따지지도 않고

받들어총 하고 싶다

- 「나도 누군가에게」 전문

세상의 섭리와 순환을 바라보는 시인의 눈을 다른 각도에서 다시 조망해 본다. 김용두 시인이 본 것들에 대한 시인만의 해석과 감각적인 이유로 인해 분명 나와 다른 시선이 존재한다는 것을 인정하게 될 수밖에 없다.

꽃들은 양심적이다

자기 맘대로 피지 않고

바람과 습도와 기온이 적합하여

마음에 거리낌이 없을 때

비로소 기지개를 켠다

세상이 아름다운 것은

너에게도 나에게도

양심이 있기 때문이다

별들도 양심껏 제 밝기로 반짝이며

저보다 더 밝은 빛을 탐내지 않는다

우리도

꽃도 별도 될 수 있다

- 「꽃의 이유」 전문

　양심이라는 말이 가장 먼저 눈에 들어온다. 국어사전에 의하면 어떤 행위에 대해 옳고 그름, 선과 악을 구별하는 도덕적 의식이나 마음 씀씀이라고 나온다. 여기서 말하는 도덕적 의식은 보편타당한 기준점을 이야기하는 것이며 동시에 인간 본성이 가진 성선설에 기반한 선과 악의 기준점을 말한다. 이러한 기준점에서 크게 벗어나지 않는 지극히 상식적인 선상에서 부끄러울 일이 없다는 것이 양심이라는 말이다. 김용두 시인은 꽃이 양심적으로 핀다고 말한다. 자기 맘대로 피지 않는다고 한다. 봄에 피어야 할 것이

겨울이 피지 않고, 진달래는 보라색으로 피지 않는다고 말하며 목련은 황금색이 아니라고 말한다. 계절, 생명, 이 모든 것의 순환은 정직하다. 돌연변이가 아닌 이상 환절의 계절이 되면 주어진 제 모습 그대로 생과 향기와 모습을 작년 이맘때와 같은 형태로 드러낸다는 것을 말한다. 그 꽃을 사람으로 치환해 보면 사람이 살아가야 할 삶의 본위를 알 수 있다.

> 세상이 아름다운 것은
>
> 너에게도 나에게도
>
> 양심이 있기 때문이다
>
> -「꽃의 이유」 부분

양심이라는 보편타당하고 공통의 이유가 삶 속에 같이 호흡하고 잣대가 되기 때문에 세상이 아름답다고 한다. 당신과 나 모두에게 양심이 존재하기에 살만한 세상이라고 한다. 저마다 주어진 달란트에 만족하고 크기와 용도에 만족하며 산다는 것은 힘든 일이다. 때로는 불만족으로 인하여 불행해지는 것이 사람이다. 제 그릇만큼 산다면 세상에 행복하지 않은 것은 없을 것이다. 여전히 그릇의 크기를 오해하며 사는 사람이 많은 것이 문제이지 그릇은 죄가 없는 것이다. 꽃이 피는 현상을 보고 그 현상의 배후에서 삶의 궁극적인 순환과 섭리를 끌어내는 시인의 본능적인 감각이 하나의 울림이 되고 그 울림에 반응하는 우리가 소통한다. '그래, 맞아' 어쩌면 그것이 김용두 시인이 주장하는 "나도" "교신"의 어간과 어미에 해당하는 적합한 행간이라는 생각이 든다. 순리대로 순응하며 살자는 말이다. 꽃도 되고 별도 되는 것처럼.

순리를 위반하거나 혹은 거스른다는 것에 일침 역시 시인은 잃지 않는다. 안병욱 박사의 말처럼 네 가지 분수를 알고 지키며 살아야 하는데 간혹 바람의 전언에 넋을 잃을 때가 있고, 정신 차려보면 이미 생채기가 온몸에 퍼져 있다는 경고를 보내는 작품 한 편이 있어 소개해 본다.

바람이 스팸 문자를 보내왔다

덫에 걸린 마음이 며칠을 품자

푸른 싹이 돋았다

낌새를 알아차린 바람이 쏜살같이 다가와

세상을 주겠다고 인을 쳐댔다

브로커를 자처한 부동산 업자가

대출을 권하자

엄지손가락에 상처를 내고 출혈을 감수했다

바람이 건네준 집은 허공 위에 떠 있었다

세상은 신기루처럼 아름다웠고

밤하늘은 밤마다 별빛을 나눠주었지만

과다 출혈로 이어졌다

날이 갈수록 내 얼굴에 핏기가 사라지자

가족들은 높은 곳에 살아서 그렇다고 했다

어느 날

검은 구름이 우리 집을 방문하자

햇빛이 몸을 사렸다

몰인정한 구름은

핏덩이 같은 종이쪽지를 집 안 구석구석에 붙였다

여기저기 붉은 낙인이 바람에 휘날리고

밖에서는 사람들이 주문을 외쳤다

스팸 문자는 빨리 삭제해야 하고

집을 지을 때는

땅을 깊이 파고 기초를 튼튼히 해야 한다고

- 「하우스 푸어House Poor」 전문

집만 가진 부자? 라고 하면 맞을 듯하다. 아니 좀 더 정확하게 말하면 부자라는 수식어를 배제해야 할 수도 있을 것이다. 집만 덜렁 하나 있는 사람이 푸어라는 개념에 더 어울린다. 자신과 맞지 않는 그릇에 잠시 바람의 속삭임을 듣고 예를 들어 30평에 10평을 더 얹어 40평을 매수했다고 가정해 본다. 잠시 기분은 좋을 것이다. 세상은 신기루처럼 아름답고 밤의 별빛은 좀 더 높은 곳에 올라간 이유로 선명하게 보였을 것이다. 그러나 바람이 잦아들고 과다 출혈로 인해 다른 모든 것들이 생기를 잃어가면서부터 욕심에 대한 벌은 핏덩이 같은 종이쪽지가 덕지덕지 붙고 붉은 낙인이 바람에 휘날렸을 것이다. 선택의 오류에 대한 형벌은 나에 국한된 문제가 아니라 가족 전체로 가을 단풍처럼 번져 온통 붉은 것들의 세상이 되었을 것이다. 현실적인 것에도 반성과 성찰하는 시인의 세상은 반드시 기억해야 할 경고문을 되새김하게 만든다. "집을 지을 때는/땅을 깊이 파고 기초를 튼튼히 해야 한다고"라는 자조의 말에 귀 기울여야 한다. 시가 그런 것이다. 현상과 장르에 제약이 없다. 어떤 것이든 시의 소재와 주제가 되기 때문에 바른길이라는 기준점을 정확히 알고 궤도를 벗어난 행위에 대한 실수를 인정하고 그것을 공유하는 사회적 책무 역시 시인이 시를 쓰는 이유가 되어야 한다. 아름답고 멋진 문장에 대한 욕구는 누구나 같은 크기다. 하지만 그 멋진 문장의 배후가 아무것도 아닌 말장난에 불과한 것이며 읽고 나면 아무것도 건질 것 없는 빈 그물이 된다면 우리가 무엇을 읽고 무엇을 쓴 것인지 허탈해질 것이다. 픽션을 논픽션화 하는 것이 시인의 재주이며 능력이다. 그것은 어쩌면 진정성의 바탕을 만드는 초석이라고 해도 무리 없는

표현이라는 것을 다시 한번 생각해 둔다. 이러한 다각도의
풍경을 그린 몇 작품을 본다.

하루 일을 마치고
돌아가는 이의 모습은

어찌나 아름다운지

그가 달려온 길과
앞으로 나아갈 길이

눈부시게 빛난다

때론 배경이 되어
누군가를 아름답게도 하며

-「노을」 전문

때론 배경이 된다는 행간이 내 시선을 붙든다. 좀 더 정
확하게 말하면 때론이 아닌, 늘 배경이 되어온 것이 노을
이다. 그 노을은 노을 자체로도 아름답지만, 노을이 지는
시간과 풍경과 노을 주변의 모든 것들을 훌륭하게 묘사
하는 피사체가 되어주기도 한다. 한 시절의 사랑이나, 그

리움이나, 젊은 날의 열정을 기억해 내게 만들고 좀 더 나를 침착하게 만들어 주기도 한다. 노을에 깃대거나 노을에 기대거나 노을에 침잠하여 커피 한잔에 계절 한 잎을 담아 내가 내게 차 한잔 대접하는 일도 가능하다. 세상은 그런 것이다. 노을이 되어 빛나거나 누군가를 아름답게 만들기도 하는 것. 김용두 시인의 노을이다. 비슷하지만 좀 더 다른 각도를 가진 노을을 소재로 한 작품 한 편을 인용해 본다.

바람이 뛰노는 강가는 무슨 절간 같다 강물은 납작 엎드려 오체투지로 절하며 가고 강박중에 걸린 하늘은 제 모습을 수면에 자꾸 비춰 보았다 사람들도 하나같이 강을 바라보며 무언가를 빌었다 나도 보이지 않는 나를 애써 찾고 있었다 바람이 풍경소리를 내기 시작하자 물고기들이 이리저리 움직였고 공중에선 가부좌를 튼 해가 부처님처럼 금빛 광채를 보내 주었다 그렇게 하루가 가고 저물 즘, 강물에는 소신공양하는 노을의 불덩이가 비쳤고 허리 숙인 풀들은 저녁 예불을 드렸다 내일이 오고 사람들은 바뀌고, 또 바뀌어도 풍경은 변하지 않았다

- 「불멸의 사찰」 전문

소설은 더하기 예술이라면 시는 **뺄셈**의 예술이다. 하고

싶은 모든 말들을 다 쓴다면 언술에 그칠 뿐이다. 김용두 시인의 작품은 대체로 짧은 편이다. 하지만 글에 담긴 의미는 누구보다 깊고 무겁다. 가볍게 읽고 지나칠 것이 아니라, 다시 한번 혹은 그 이상 되새김질한 이유가 존재한다. 함축이라는 어려운 말보다 성찰이라는 더 어려운 단어를 사용하기로 한다. 지나온 곳을 봐야 앞으로 갈 곳을 짐작할 수 있다. 내 위치가 정확해야 누군가가 나를 찾을 수 있다. 그 좌표를 그려 나가는 시인의 첫 번째 시집『나도 누군가와 교신 중이다』속에 어쩌면 당신이 간절하게 찾는 답이 존재할지도 모른다. 이 가을의 정답을 내게 맞춰주기 위해, 정답이라는 옷을 맞춰 입고 싶다면 시집의 일독을 권하고 싶다. 답은 늘 가장 가까운 곳에 있는 법이다.

다. 맺으며

얼마 전 인구에 회자한 드라마 한 편이 있다. 〈폭싹 속았수다〉라는 드라마다. 그 드라마의 내레이션 중 한 부분을 인용해 본다.

　"나이가 들수록 인생은 수채화가 되어간다. 때론 흐릿하게 보이거나 축축한 사람으로 보이거나."

  대략 위 인용부호 속 내용으로 생각된다. 나이가 든다
는 것은 더 이상 선명한 것이 선명하게 보이는 것이 아니
라 흐릿하게 보인다. 하지만 보이는 것이 전부가 아닌 것
이 인생이다. 보이는 것의 이면에 웅크린 더 선명하게 보이
는 것들이 있다. 우리는 그것을 삶의 배후, 목적, 결과라고
말한다. 누군가는 익어간다는 말로 세월을 미화하고 누군
가는 로맨스그레이라는 말로 합리화하기도 한다. 하지만
정작 중요한 것은 나이가 들었다는 말이다. 좀 더 위축되
고 좀 더 작아지고 좀 더 아픈 사람이 되는 것이 인지상정
이다. 누구도 수채화가 되는 풍경에 반론을 제기할 수 없
다. 이미 한 시절의 열정은 가고, 들끓던 가슴 속 우물은
말라가고, 나의 청춘에 이별을 고하게 되는 것이 사실이다.
더 이상 램프가 켜져 있는 찻집에서 나 홀로 아프지 않을
시기다. 시를 쓰는 매우 중요한 이유를 열거했다. 더 이상
이라는 말이 우리의 전용 단어가 되지 않기 위해, 조금은
더 선명한 수채화를 보기 위해, 축축하지 않은 생기발랄
한 사람을 만나기 위해 내게는 비록 버겁지만 시라는 여자
와 새로운 여자와 사랑에 빠져야 할지도 모른다. 보이지
않던 것들이 보이고, 보지 않아도 될 것을 보게 되고, 봐야
할 것들을 보게 된다. 중요한 것은 본다는 말이다. 아무것

도 보지 않는 것보다 무엇이라도 보는 것이 나이가 든다
는 말의 동의어이다. 김용두 시인의 첫 시집『나도 누군가
와 교신 중이다』에서 시인이 이미 본 것이나 볼 것에 대해
숙고하는 시간을 갖고 싶다. 그것은 보편타당한 일반 독
자 입장에서 단연코 공감의 영역을 가진 울림이 있고 그
울림이 소통되는 순간을 향유하기 때문이다. 나도 누군가
와 교신하고 싶다.

　몇 편의 작품 소개로 김용두 시인의 전부를 알 수 없다.
하지만 시인이 말하는 본질의 실체는 파악할 수 있을 것
이다. 그 투박한 질감과 색감, 작품의 무거운 부피 속에서
내가 너를 읽고, 네가 나를 읽는 제대로 된 소통이 이루어
지길 소망하며 이 시집의 성공적인 장도를 미리 축하드리
고 싶다. 맺으며 한 편의 작품을 마지막으로 소개한다. 김
용두 시인의 삶의 철학이 깊숙하게 배인 작품이다.

　　바람이 불면
　　하늘에 씨를 뿌린다

　　주사위를 던지듯
　　확률에 의지하는 것은 아니다
　　〈

너무나도 미약하고

아무것도 할 수 없기에

하늘의 뜻을 따라

최적의 결과를 내고자 한다

나는 약하므로

가장 강해지고자 한다

-「민들레」 전문

상상인 시인선 091

나도 누군가와 교신 중이다

지은이 김용두

초판인쇄 2025년 10월 21일 **초판발행** 2025년 10월 27일

펴낸곳 도서출판 상상인 **편집주간** 황정산 **펴낸이** 진혜진

표지디자인 최혜원 **기획·마케팅** 전은빈 최유림 노혜림 정현수

책임교정 오 늘 **편집** 세종PNP

등록번호 제572-96-00959호 **등록일자** 2019년 6월 25일

주소 06621 서울시 서초구 서초대로74길 29, 904호

전화번호 02-747-1367, 010-7371-1871

팩스 02-747-1877 **전자우편** ssaangin@hanmail.net

ISBN   979-11-7490-020-3 (03810)

값 12,000원